JONATHAN STITZ

Seelenfragmente
Das Mosaik der Gefühle

novum pro

Bibliografische Information
der Deutschen Nationalbibliothek:

Die Deutsche Nationalbibliothek
verzeichnet diese Publikation in
der Deutschen Nationalbibliografie.
Detaillierte bibliografische Daten
sind im Internet über
http://www.d-nb.de abrufbar.

Alle Rechte der Verbreitung,
auch durch Film, Funk und Fernsehen,
fotomechanische Wiedergabe,
Tonträger, elektronische Datenträger
und auszugsweisen Nachdruck,
sind vorbehalten.

Gedruckt in der Europäischen Union
auf umweltfreundlichem, chlor- und
säurefrei gebleichtem Papier.

© 2024 novum Verlag

ISBN 978-3-99146-424-2
Lektorat: Thomas Ladits
Umschlagabbildung:
Kotokomi | Dreamstime.com
Umschlaggestaltung, Layout & Satz:
novum Verlag

www.novumverlag.com

Inhaltsverzeichnis

Danksagung 7
Vorwort 8

1. Muse 9
2. Seelenfragment 10
3. Spuren 11
4. Gefühle wie Gift 12
5. Manchmal 13
6. Heilung 15
7. Die grausame Wahrheit 16
8. Die Kunst zu leben 18
9. Dauergast 19
10. Verschüttet 20
11. Vermissen 21
12. In der Stille der Nacht 22
13. Schwer wie Blei 23
14. Abgestumpft 24
15. Es scheint als sei 25
16. Hör auf dein Herz 26
17. Ich möchte 27
18. Verschiedene Welten 29
19. Gebranntes Kind 31
20. Fluch oder Segen 32
21. Als du fortgingst 33
22. Auszüge einer Depression 35
23. Die Leere 36
24. Unsicherheit 38
25. In Anbetracht des Todes 39
26. Im Endeffekt 41
27. Verflucht 42
28. Zwischen Hoffen und Bangen 44
29. Zeit 45

30. Der Klang des Herzens 47
31. Ebenbild 48
32. Schritt für Schritt 49
33. Flüchtige Begegnung 50
34. Es ist nicht(s) 52
35. Im Kreis 54
36. Glaubenssätze 55
37. Es ist okay 56
38. Im Inneren zerrissen 58
39. Die Suche nach dem Ich 60
40. Auch nur Menschen 61

Danksagung

Ich möchte mich ganz herzlich bei den Menschen bedanken, die mir von Anfang an Mut gemacht haben. Die mir offen und ehrlich ihre Meinung zu meinen Gedichten und Texten mitteilten, sodass ich die Motivation hatte, das Hobby weiter auszuführen.

Ich danke den Menschen, die mir in den schweren Zeiten, die sich hier in den Gedichten widerspiegeln, beistanden und mir Hoffnung machten.

Ich danke dem Verlag für die Unterstützung und die Möglichkeit, meine Gedankenwelt mit euch teilen zu können.

Mein Dank gilt vor allem einer Person, die mir im entscheidenden Augenblick zeigte, welche Wirkung meine Texte haben und mich schlussendlich ermutigte, dieses Werk zu veröffentlichen.

Vorwort

Sehr geehrte Leserin, sehr geehrter Leser,

ich danke Ihnen von Herzen, dass Sie mein persönliches Werk und somit einen Teil meiner innersten Gefühlswelt in Ihren Händen halten.
    Diese Sammlung meiner Gedichte repräsentiert ein Stück meiner Seele und ist ein Versuch, meine Gedanken, Gefühle und Erinnerungen zu ordnen und diesen Ausdruck zu verleihen. Nun wünsche ich Ihnen viel Freude und Inspiration beim Lesen, vielleicht finden Sie sich in dem einen oder anderen Gedicht von mir wieder.

1. Muse

Ich traf dich eines Tages auf meiner Reise.
Konnte nicht ahnen, was alles noch passieren würde.
Konnte dir nicht widerstehen, dir und deiner besonderen
Art und Weise.
Uns kennen zu lernen war für keinen von uns eine Hürde.

Ich genoss fortan deine Gesellschaft,
du kannst etwas, was nur wenige der Menschen vermögen.
Selbst, wenn wir uns anschwiegen, spürte ich deine Kraft,
die Energie zwischen uns ist vergleichbar mit denen
der Lichtbögen.

Vermagst es zu beruhigen, es zum Schweigen zu bringen,
das in meinen Verstand stetig tobende Chaos.
Es ist bemerkenswert, wie tief deine Worte vermögen
zu dringen,
hast damit etwas gefunden, was ich tief in mir einschloss.

Konntest meine Verteidigung überwinden,
bei deiner Rückkehr immer mehr zu Tage fördern,
mich somit wieder nach und nach mit meinen
Gefühlen verbinden.
So gelang es dir, Stücke meiner Seele heraufzubefördern.

Du wurdest zur Freundin, zur Muse, zur Inspiration,
hast es mir offenbart, mein eigenes Potenzial.
Bin dir dankbar, für jede Herausforderung, für jede Lektion.
Kurzum, deine Art, dein Wesen, du bist einzigartig
und phänomenal.

2. Seelenfragment

Eine Situation, die ein jeder kennt,
Dialoge, die ein jeder bereits hat gehört,
unausgesprochener Gedanke, welcher tief in uns brennt,
von einem andern Menschen betört.

„Mach langsam, du darfst es nicht überstürzen", sagen sie,
die, welche meinen, erfahren zu sein,
doch wie oder was ich fühle, das wissen sie nie,
Gedanken, Gefühle, Träume, auf immer mein.

„Gib dir doch etwas Zeit!"
Ich spüre, wie sie durch meine Finger rinnt, wie feiner Sand.
Zeit nehmen, das möglich, Zeit geben grenzt an
Unmöglichkeit.
Zeit nehmen für das, was entscheidend ist in meinem Fall,
sehne ich mich nach deiner Hand.

„Lernt euch doch erst einmal richtig kennen!"
Ab wann kennt man sich denn richtig?
Die Sehnsucht beginnt zu flackern, zu wachsen und
letztlich zu brennen.
In deiner Gegenwart bin ich glücklich, das ist für mich
entscheidend und wichtig.

Dieses Gedicht, ein Stück von mir,
ein kleines Fragment, ein Stückchen Seele,
da ist noch weitaus mehr, wenn du es willst, zeige ich es dir.

3. Spuren

Ich beseitige Spuren,
Spuren eines vergangenen Gefallens, ich philosophiere.
Welche Spuren hinterlasse ich?
Was kümmert es mich?
Wie sehr tangiert es dich?
Wie sehr will ich gefallen?
Entsteht immer ein Schaden,
wenn Welten aufeinander prallen?
Wir wollen gefallen,
und so tun wir uns gegenseitig einen Gefallen.
Eine nette Geste, ohne zu hinterfragen.
Sei nett zu anderen, dann sind sie es auch zu dir,
höre ich dich sagen.
Ich will nicht klagen,
werde weiterhin keinen Gefallen abschlagen,
positiv auffallen, in Erinnerung bleiben.
Es vielleicht hin und wieder übertreiben.
Spuren hinterlassen, in der Hoffnung,
irgendjemand folgt,
Die Frage, die offen bleibt:
„Ist das so gewollt?"

4. Gefühle wie Gift

Der Organismus ist infiziert,
jedes Jahr aufs Neue.
Die Gedankensphäre irritiert,
diese bekannte Situation schwor ewig Treue.

Die Wände beschränken deinen Lebensraum.
Die Flügel unbrauchbar verkümmert.
Lass es bitte sein ein böser Traum.
Das Gefühl von Freiheit langsam wird zertrümmert.

Der hausgemachte Druck unaufhörlich steigt,
am Ende stellt sich nur eine Frage.
Die Person im Spiegel seit Langem schweigt,
siehst du das, was ich nicht sage?

Vergiftet und vom Gedankensturm übermannt,
große Aufregung sich im Körper manifestiert.
Das Nervensystem wird überrannt.
Das Gefühl, eingesperrt zu sein, sich immer
deutlicher herauskristallisiert.

5. Manchmal

denke ich an vergangene Zeiten,
verliere mich in meinen eigenen Gedanken.
Sie tragen mich hinfort, zu unbekannten Weiten,
wo Wünsche, Träume oder Motive ertranken.

Manchmal verliere ich mich in einzelnen Gedanken,
manchmal frage ich mich, wer ich eigentlich bin.
Was kann ich tun, um es herauszufinden,
wo kann ich auftanken,
wo führt mich meine Reise letzten Endes hin?

Manchmal möchte ich am liebsten schreien,
doch in den meisten Fällen bleibe ich einfach stumm.
Manchmal möchte ich mich von alldem hier befreien,
raus aus diesem scheinbaren Martyrium.

Manchmal siegen die Zweifel und beißen sich fest,
es fehlt die Energie, etwas Neues zu wagen.
Selbst wenn wüsste ich nicht, wie, was zusätzlich stresst,
mich nerven diese unaufhörlichen inneren Fragen.

Manchmal hoffe ich und mache einfach, was ich kann,
meistens findet sich ein Weg, vielleicht ist es die Zeit,
die meine Gedanken befreit, und ich komme weiter voran.
Raus aus dem Labyrinth der Gedanken, raus aus der Trägheit.

Manchmal denke ich, es sei alles nur halb so wild.
Rede mir ein, es sei alles gut, es wird vorübergehen.
Ich hätte im Augenblick nur ein schiefes Bild.
Ich müsse einfach abwarten, Rückgrat zeigen,
aufrecht stehen.

Manchmal frage ich mich, soll das ewig so sein?
Und eine leise Stimme flüstert in mein Ohr,
doch meistens konnte ich mich mit Hilfe befreien,
dennoch kommt dieses Manchmal viel zu oft vor.

6. Heilung

Viele Wege führen ans Ziel,
nur ein paar davon ausprobiert.
Es bleibt noch eine Handvoll, raus aus diesem Spiel.
In diesem werden ideale Welten simuliert,
die eigene dabei ruiniert.

Du wurdest nicht gefragt, ob du spielen willst.
Du kennst auch die Regeln nicht, eine Anleitung gab es nicht.
Du merkst nur, dass du vor Fragen überquillst.
Sie haben dich gezwungen zu spielen, und das Ende ist nicht in Sicht.

Vergib ihnen, sie wussten es nicht besser.
Sie tragen keine Schuld, sie sind auch nur Spieler.
Sie gaben dir alles, was sie konnten, doch sie erschufen auch das Messer.
Durch dieses wurde die Verbindung verletzt, gestört und instabiler.

Sofern diese Verbindung überhaupt einmal bestand.
Ich kann sie nicht spüren, hoffe auf ihre Existenz.
Sie dann im Laufe der Jahre gänzlich verschwand,
ich mach mich auf die Suche nach ihr und meiner eigenen Resilienz.

7. Die grausame Wahrheit

Du glaubst, die Welt ist ungerecht und grausam zu dir.
Du fühlst dich vom Pech verfolgt und du fragst dich,
wenn sowieso alles gegen dich zu sein scheint,
warum bist du noch hier.
Was hab ich getan, für was soll ich büßen, wofür leide ich?

Die Wahrheit ist, die Welt, wie wir sie sehen, ist nicht real.
Sie eine Projektion, wenn man will, ein manifestierter
Gedanke Einiger.
Dem Großteil der Welt bist du unbekannt, schlichtweg egal,
und dennoch sind wir unsere schlimmsten Peiniger.

Vielleicht nicht bei jedem, aber bei mir ist es der Fall,
kennst du das Gefühl, kurz vor dem Sturm,
kurz vor dem Gewitter,
beängstigend, und voller Furcht erwarten wir
des Donners Knall.
Wir verbergen es, das Gewitter in uns, hinter Schloss
und Gitter.

Doch die grausame Wahrheit ist, alles ist eine Reflexion,
alles, was du erlebst, durch welche Hölle du auch gehst,
alles ist eine grausame und gedankliche Projektion.
Verändere deine Gedanken, veränderst deine Realität,
in der du gehst und stehst.

Ich sehe dich an, du fragst mich, wie das denn gehen soll,
verlangst, dass ich dich leite.
Glaubst du wirklich, ich würde den Weg kennen und
ihn nicht mit dir teilen?
Ich bin genau wie du, wir kämpfen denselben Kampf,
Seite an Seite.
Die Wahrheit ist, wir gehen unseren Weg nur allein,
wir werden nur kurz zusammen verweilen.

8. Die Kunst zu leben

Nicht jeder Tag dem anderen gleicht,
es ist ein beständiger Wechsel.
Der eine ist schwer, der andere leicht,
das einzige, was hilft, ist ein Perspektivenwechsel.

Es zählt nicht nur zu funktionieren.
Der Maßstab ist nicht Perfektionismus.
Wichtig ist, zu reflektieren und zu akzeptieren,
auch mit Rechtfertigung und Ausreden ist Schluss.

Die Kunst zu leben ist stetiges Wachsen,
eine neuartige, ausgeweitete Toleranz.
Den alten Mustern und Gedanken zu erwachsen.
Beginnen zu strahlen in einem authentischen Glanz

ist es sich den täglichen Wellen entgegenzustellen,
das Leben auch mal „doof" zu finden,
sich überfordert zu fühlen in Anbetracht
der enormen Baustellen,
sich mit manchen Dingen einfach abzufinden.

Die Kunst zu leben heißt das Beste draus zu machen,
mehr zu lieben statt zu hassen,
weniger zu grübeln und mehr zu lachen,
manche Ereignisse und Menschen einfach gehen lassen.

9. Dauergast

Geht ein Mensch
dir nicht mehr aus dem Kopf,
gehört er in dein Herz,
doch dafür gibt es keinen Knopf.

In meinem Kopf bist du
kein Gedanke, der vorüberzieht,
du bist präsent immerzu,
der Gedanke ist Dauergast, wie man sieht.

Aus dem Kopf möchte ich ihn lassen,
den Gedanken an dich,
welcher ist kaum in Worte zu fassen.
Hinein ins Herz, such dir den schönsten Platz,
und ich wünsche mir, wenn du ihn gefunden hast,
du bleibst dort ein Dauergast.

10. Verschüttet

Die innere Wahrnehmung verschüttet,
Berge aus verdrängten Emotionen,
die Leistungsfähigkeit und Motivation zerrüttet,
im Kopf immer mehr beängstigende Visionen.

Bin mir nicht im Klaren,
was Tag für Tag in mir geschieht.
Schleichend verblassten die Gefühle mit den Jahren,
blind für das, was man mir so oft riet.

Auf den eigenen Augen blind,
ein gefährliches Spiel begann,
begann scheinbar früh, begann schon als Kind.
Ein Spiel, dessen Folgen ich bis heute nicht einschätzen kann.

Ein Spiel, das du nicht verstehst,
das kannst du nur verlieren.
Ich spiele weiter, jeden Tag, ungeachtet, dass du gehst,
ich hab dich verloren, hab die Chance verpasst, zu reagieren.

Etwas anderes ist an deine Stelle getreten,
ein bekannter Feind, und diesmal ist er nicht alleine.
Hätte ich gewusst, wie schwer es ist, hätte ich mehr Zeit
mit dir erbeten.
Die Leere kam erneut, und mit ihr diese Schwere,
wie tonnenweise Steine.

Sie liegen auf mir, unsichtbar für andere, doch spürbar.
Sie liegen auf einer anderen Ebene, meinem Wesen.
Und sie verschütteten alles, das ist wohl wahr.
Nur, wenn ich sie beseitige, kann ich dich finden und genesen.

11. Vermissen

Sanft ruht mein Kopf auf dem Kissen,
ich bekomme kein Auge zu.
In meinem Kopf dreht sich alles ums
Vermissen.
Ich beginne zu lächeln, der Grund dafür bist du.

Ich erinnere mich an jeden Tag,
den ich mit dir verbracht,
viele Gefühle durchdringen mich, drum sag,
was hast du mit mir gemacht?

Ungewissheit drängt sich auf.
Ihr folgt eine Frage,
doch ich nehme sie in Kauf.
Die eine Antwort ich täglich jage.

Das Rätsel kann ich nicht lösen,
denn nur du kannst es mir sagen.
Ich beginne langsam zu dösen,
und in meinem Traum kann ich es dich endlich fragen.

Ich würde gerne wissen,
kennst du das Gefühl,
weißt du, wie es ist, dich zu vermissen?

12. In der Stille der Nacht

Dunkel und kalt ist jene Dezembernacht.
Ich durchquere die schneeweißen Gassen,
ein einziger Stern hält am Himmelszelt eisern
seine Wacht.
Will ihn berühren, will seinen Charakter fassen.

Seine Strahlen erhellen meine Welt.
Dieser Stern, in seiner Pracht, erinnert mich.
Wärme von ihm ausgehend, auf mich niederfällt.
So beobachte ich in Stille und denke dabei an dich.

Ich bleibe zurück, du gingst fort,
im Moment bist du unerreichbar, wie der Stern.
Zum Glück kommst du bald zurück an diesen Ort,
was ich nur sagen will, ich hab dich gern.

13. Schwer wie Blei

Ich fühle, wie sie mich in ein Gewand zwängen.
Der Druck auf meinem Körper wächst.
Der Raum zum Atmen beginnt, sich zu verengen.
Wie ein dunkler Schatten, du Gefühlschaos,
meine Seele befleckst.

Eine Weste schwer wie Blei.
Wer war der Schneider, wer hat sie mir verpasst?
Ich wollte doch nur anders sein, etwas mutiger und
vor allem vogelfrei.
Wer auch immer der Designer wart gewesen,
hat das Material verprasst.
Zu viel des Guten, der Preis ist die Leichtigkeit.
Schwerfällig, träge, wie betrunken.
Es ist so nicht möglich, zu fliegen, wie die Vögel mit
ihrem Federkleid.
Kann mich nicht rühren, nicht befreien, bleibe in
Gedanken versunken.

Wie gelähmt von einer Schlange giftigem Biss.
Meine Gedanken drehen sich immer schneller im Kreis,
die Fähigkeit verlernt zu fliehen, wie nach einen Bänderriss.
Zu viel Grübeln, ein falsches Wort kann dich lähmen,
das ist der Beweis.

14. Abgestumpft

Durch den Kopf wandert die Gleichgültigkeit.
Es ist so, wie es ist, denke ich.
Ist es schon so weit?
Wie lange schon, wie lange schon belüge ich mich?

Sind unsere Gefühle wie Küchenmesser?
Zu oft gebraucht, und sie werden stumpf.
Oder geht's mir in ein paar Tagen besser?
Kälte breitet sich aus in des Mannes Rumpf.

Sollte es nicht anders sein?
Sollte nicht eine Flamme dort lodern?
Dort ist sie, schwach und klein.
Alles um sie herum beginnt zu modern.

Wie offene Nervenenden,
auch Gefühle ihre Fähigkeiten verlieren.
Das Blatt ist nicht zu wenden.
Es bleibt lediglich zu akzeptieren.

Doch die Kälte bleibt,
kriecht von Mal zu Mal weiter.
Sie die Flamme in die Ecke treibt
weiter in die Seele, wie ein düsterer Reiter.

15. Es scheint als sei

aus meinem Traum ein Alptraum geworden.
Ich kann nicht aus ihm erwachen.
Bin gefangen im Karussell, es quälen mich dieselben Sorgen.
Kann nicht aussteigen, aber auch nicht weitermachen.

Will weder jammern, noch will ich klagen.
„Du schaffst das", „Das geht vorbei" drehen
die Gedanken ihre Runden.
Die Situation schlägt mir auf den Magen.
Ich will, dass es aufhört, will einfach gesunden.

Bin in meiner eigenen Welt gefangen.
Bin Sklave meiner Zweifel und meines eigenen Anspruchs.
Wie kann ich zwischen diesen Fronten Frieden erlangen?
Bei all meinen Bemühungen geht immer mehr zu Bruch.

Es scheint, als sei alles eine Belastung.
Eine kräftezehrende und energieraubende Verpflichtung.
Mein Körper ist müde und schreit nach Ruhe und Änderung.
Mein Geist nach Gelassenheit und Entspannung.

16. Hör auf dein Herz

„Hör auf dein Herz, du hast ein sehr gutes", sagtest du
einst zu mir.
Dies tat ich, vergaß mein Ego, meinen Stolz.
Für diesen Rat, für diese Worte danke ich dir.
Die eisige Mauer um mein Herz schmolz.

Eine Barriere, die ich hatte selbst errichtet,
wollte sie loswerden, die Zweifel und die Angst.
Sie hätten es fast geschafft, die Liebe fast vernichtet.
Ich frage mich oft, wie's dir geht, ob du ab und zu mal bangst.

Heute habe ich gelernt, auf mein Herz zu hören.
„Tu das, was dich glücklich macht", flüsterte es.
Lass Angst und Zweifel nicht dein Glück zerstören.
So machte ich mich auf zu ihr, vergaß alles,
vor allem den Stress.

Nicht nur das, konnte die Angst enttarnen.
Sie vergiftete meine Gedanken,
dachte ich erst, sie wolle mich vor Verletzung bewahren,
doch ich durchbrach ihre Schranken.

Ich traf sie auf eine Tasse Kaffee, so war es geplant.
Sie einmal sehen, das Gefühl spüren,
welches nur sie mir geben kann.
Die Stunden verstrichen, ich hatte es geahnt.
Es fühlte sich wieder so an wie an dem Tag, als alles begann.
Wenn dieses Gedicht eine Botschaft enthält,
dann ist es diese: Hör auf dein Herz.
Überwinde deine Ängste, deinen Stolz, auch,
wenn es schwer fällt,
denn letzten Endes siegt die Liebe über den Schmerz.

17. Ich möchte

aufbauen, wo andere niedermachen,
da sein, wo andere gehen,
zuhören, verstehen, gemeinsam lachen,
Seite an Seite stehen.

Wo andere Scherben hinterlassen,
werde ich hinein fassen,
mich vielleicht daran schneiden,
doch dich niemals im Scherbenhaufen allein lassen.

Nicht alleine voran gehen,
bin kein Anführer, keiner, der den Ton angibt.
Wenn ich führe, dann sollst du an meiner Seite stehen,
ich bin einer, der die Gemeinschaft und das Team liebt.

Mauern einreißen, Grenzen überwinden,
über den Tellerrand hinaus, hin zum Horizont,
auf dass die Zweifel und Ängste schwinden.
Werde ich gebraucht, stehe ich an vorderster Front.
Da sein, wenn du zu fallen beginnst,
Fels in der Brandung sein, wenn der Sturm um dich tobt.
Der Grund sein, wenn du plötzlich grinst,
die Fähigkeit, da zu sein, ist jahrelang erprobt.

„Man kann nicht alles haben, du wirst nie alles besitzen",
erhebt der Verstand sein Wort.
„Doch man kann alles sein", ließ das Herz ihn abblitzen.
Nach diesem Satz war der Verstand wieder fort.

Wenn das Herz spricht, hat der Verstand Sendepause.
Das Herz bestimmt, wer wir sind, der Verstand analysiert,
doch nur das Herz fühlt, zeigt die Richtung nach Hause.
Mit Gefühlen kann der Verstand nicht, er versucht es,
bis er kollabiert.

18. Verschiedene Welten

Du glaubst, du würdest es wissen,
du spekulierst, du vermutest und du bist überzeugt.
Die Jagd nach Gerechtigkeit, sie macht dich verbissen.
Der Druck, den du erschaffst, in der Hoffnung, dass
er mich beugt.

Ich halte Stand, ich lasse mich nicht drauf ein,
es bewegt und berührt mich zwar.
Zu deinen Versuchen, mich zu manipulieren,
sage ich diesmal nein.
Dass es für dich nicht einfach ist, ist mir
ebenfalls sonnenklar.

Es geht nicht um dich oder das, was geschah.
Es geht hierbei nur um mich.
Vielleicht ist das egoistisch, doch es ist einfach wahr.
Ich brauche Zeit, wie lange, weiß ich nicht, darum
bitte ich dich.

Doch nicht mal das vermagst du mir zu geben.
Dann muss ich sie mir eben einfach nehmen.
Ich werde vorerst ohne dich leben.
Dieser Schritt ist auch für mich nicht angenehm.

Ich habe keine andere Wahl, du zwingst mich förmlich dazu,
solange wir auf verschiedenen Welten stehen,
das, was ich für mich brauche, ist schlicht und
einfach die Ruh,
wird es keine Lösung geben, ich muss den Konflikt aus
dem Wege gehen.

Meine Kraft ist verbraucht, meine Seele ist leer.
Ich brauche eine Pause, um zu regenerieren.
Zweifel, Schuldgefühle, Wut, Enttäuschung,
ein endloses Meer.
Ohne Rast wird die Flamme im meinem Herzen erfrieren.

Der Blick in den Spiegel wird unerträglich.
Dank deines Vergleiches, ein Satz, der trifft.
Deine Worte sind ausgesprochen, unwiderruflich.
Diese Worte, sie waren nichts als pures Gift.

19. Gebranntes Kind

Das Leben fest in den eigenen Händen,
die Richtung gewählt, die Reise beginnt.
Jahrelang ist es ruhig und plötzlich kriecht
der Schatten aus den Wänden.
Den Vorsprung verloren, wer das Rennen wohl gewinnt?

Mit dem Rücken an der Wand
die Fragen schreien in den Kopf hinein.
Der Fußboden bietet keinen Halt, als stünde ich im Sand.
Warum ich? Wieso jetzt? Das Szenario so seltsam vertraut,
wie kann das sein?

Die Gedanken in Flammen, keine Zeit zu verschwenden.
Ein Gefühl, als stände alles in Flammen.
Wird die Flucht glücken, wird die Jagd irgendwann enden?
Dem gebrannten Kind gelingt es, die Ängste jahrelang
zu verbannen.

Plötzlich ist sie wieder da, die verdrängte Situation.
Wie einst erlebt, nur die Beteiligten sind verschieden.
Mit ihr die verdrängte und verhasste Emotion.
Gäbe es eine andere Reaktion? Wäre mir das Drama
erspart geblieben?

Guter Rat ist meist teuer.
Es gibt noch so viel zu lernen, so viel zu erleben.
Wir scheuen uns vor manch Erfahrung, wie das
gebrannte Kind das Feuer.
Ich würde wieder so handeln, dies Versprechen
kann ich dir geben.

20. Fluch oder Segen

Gestärkt aus dir hervorgegangen
bist du mal Fluch und mal Segen,
jahrelang in deinem düsteren Käfig gefangen,
doch sag mir, was kann ich dir noch geben?

Wann lässt du mich ruhen?
Ein Gewicht wie tonnenschwere Platten.
Was muss ich tun?
Klebst an mir wie mein Schatten.

War Training, eine harte Schule,
hast mich stark gemacht, aber auch kalt.
Ein alter Film auf einer noch älteren Spule.
Die Erinnerung oft ungefragt durch mein Gedächtnis hallt.

Ich bin nicht zerbrochen,
habe eigene Wege gesucht,
teilweise auch kilometerweit gekrochen,
habe nie aufgegeben, auch wenn der Zweifel mich besucht.

Du hast mich stark gemacht, habe viel gelernt.
Stärker, als du es je wirst sein.
Die Spuren von dir werden langsam entfernt.
Du bist die Vergangenheit, doch die Gegenwart ist mein.

21. Als du fortgingst

hinterließt du eine Lücke, ohne Frage,
es blieben Schmerzen, Trauer und schwere Herzen.
Doch da war noch etwas, lies, was ich dir sage.
Du hinterließt auch ein Licht, wie der Schein von Kerzen.

Nun erkenne ich, du gabst so viel,
ich konnte viel von dir lernen, werde dich
bestmöglich vertreten.
Meist verstecktest du deine Botschaften subtil.
Werde in deine Fußstapfen in einem großartigen Team treten.

Als du fortgingst, hast du mehr bewegt, als du
vielleicht weißt.
Ich glaube nicht, dass du gehen wolltest,
durch diese harte Zeit wurden wir näher
zusammengeschweißt.
Ich denke, es hatte einen Sinn und dass du diesen Weg
gehen solltest.

Als du fortgingst, hinterließt du eine Lektion
und eine Position,
der Posten ist existenziell und zum Überleben, richtig?
Vielleicht ist der Job meines Fleißes Lohn,
doch die Lektion war versteckt und für ein
erfülltes Leben wichtig.

Als du fortgingst, gingst du nicht alleine,
du nahmst etwas mit.
Du hast mir etwas genommen, du hast mich von
etwas befreit.
Dafür werde ich dir dankbar sein, nun beginnt
ein neuer Abschnitt.
Du nahmst mir die Angst, ich lebe jetzt, dank dir
bin ich dafür bereit.

22. Auszüge einer Depression

Der Alltag wird zur Herausforderung.
Jede soziale Interaktion gleicht einem Kampf.
Alles um mich herum wirkt wie eine Bedrohung.
Die innere Maschinerie steht ständig unter Dampf.

Ständig bemüht, mein Bestes zu geben,
immer achtsam, die Kontrolle bloß nicht zu verlieren.
Doch hin und wieder tobt der Wunsch, mich über all das zu erheben,
den Widerstand aufgeben, einfach zu kapitulieren.

Hin und wieder trinke ich, in einsamen, dunklen Stunden.
Der Alkohol fördert nun zutage,
habe mich isoliert, die Gedanken drehen ihre Runden,
was ich tief in meiner Seele und in meinem Herzen trage.

Würde lieber lieben oder auch hassen, alles, nur nicht diese Leere.
Ich schau ein letztes Mal in den Spiegel, bevor der Befehl in mir erklingt.
Es überfällt mich ein Mix aus Wut, Trauer, Kälte und erdrückender Schwere.
Für nur einen Bruchteil einer Sekunde, bevor der Spiegel in tausend Stücke zerspringt.

23. Die Leere

Das gleiche Phänomen,
jedes Mal ein anderes Bild.
Ein Defekt der Menschheit oder ein bösartiges Mutagen?
Oder einfach nur ein Spiegel, die grausame Wahrheit,
ein kaputtes Menschenbild?
Die Ursachen unterschiedlich, die Ausprägung auch,
zurückzuführen alles auf den gleichen Nenner.
Das Hirn in Nebel, die Wahrheit liegt im Rauch.
Wir verschließen die Augen, wir ignorieren,
bis auf die Kenner.

Der eine frisst, der nächste treibt Sport,
wieder andere rauchen.
Eine große Gruppe kaum noch rastet.
Denken, denken, machen, schaffen, wozu bin ich
zu gebrauchen?
Erschaffen, lösen, verzichten oder auf das Wertvollste fasten.

Der Antrieb ist immer gleich, der Umgang ist fatal.
Ein Ausbreiten muss verhindert werden, wir stellen uns
mit aller Kraft dagegen.
Kompensieren, konsumieren, die Leere füllen erscheint
als heiliger Gral.
Finden wir jemanden, etwas, was die Leere füllt,
gleicht es einem Segen.

Kleine Erfolge, Anerkennung, willst du, dass man dich lobt?
Das Gefühl, anders zu sein, wichtig zu sein, jemand zu sein,
und so entsteht auf kurz oder lang eine Sucht, ein Sturm,
der im Inneren tobt.
Vor allem nachts wird die Leere oft gigantisch groß und
man selbst winzig klein.

„Was mache ich?", fragst du dich.
Ich mache alles, kompensieren, konsumieren,
verausgaben, überladen.
Hasche nach Lob, Anerkennung, versuche, ein Bild von
mir zu erschaffen, siehst du mich?
Habe die Leere knapp über zwei Jahrzehnte
in mir aufgeladen.

24. Unsicherheit

Schleicht sich immer wieder in den Verstand,
verschleiert dein Wissen und deinen Mut,
ängstlich und kraftlos stehst du mit dem Rücken zur Wand,
lässt dich zurück in großer Angst vor Fehlern und
einer Menge Wut.

Sie ist immer da, meist unterbewusst,
möglicherweise wurde sie mit mir geboren.
Über sie zu schreiben oder zu sprechen hinterlässt oft Frust,
ich werde ihren Ursprung finden, das habe ich
mir geschworen.

Ihr größter Gegner sind die Erfahrung und die Routine.
Durch Üben und Wiederholung verliert sie ihren Schrecken,
dennoch ist sie gefährlich und hinterhältig, wie eine Lawine.
Sie schlägt ohne Vorwarnung zu und lauert in den
dunklen Ecken.

Du kannst dich nicht auf jede Situation einstellen,
somit wirst du sie auch nie völlig besiegen.
Du kannst dich ihr nur immer wieder entgegenstellen,
lass dich niemals von ihr einsperren und kleinkriegen.

25. In Anbetracht des Todes

In Anbetracht des Todes werden unsere Sorgen
und Ängste klein,
wenn wir ihn empfangen wie einen Freund und
nicht wie einen Feind.
Du hast keine Angst vor dem Tod, wie kann das sein?
Ob Angst oder nicht, wenn er kommt,
wird ausnahmslos geweint.

Wir wollen nicht gehen, dieses Leben nicht verlassen.
Solange wir jung sind, verschwenden wir kaum
einen Gedanken.
Die erste Berührung mit dem Tod, und wir beginnen
ihn zu hassen.
Ich finde, wir sollten ihn nicht hassen, sondern sogar danken.

Wir suchen nach Möglichkeiten, ihn aufzuhalten.
Medizinischer Fortschritt, ein gesundes Leben,
wir lassen uns von Maschinen am Leben halten,
doch die Unsterblichkeit werden sie uns niemals geben.

Wir suchen in allen Bereichen nach Sicherheit.
Suchen Halt und Beständigkeit, wollen immer mehr wissen.
Doch nur der Tod hat Bestand und ist die einzige Gewissheit.
Wir wissen nicht, wann wir werden dem Leben entrissen.

Eines sollten wir uns bewusst machen, dass es
jederzeit enden kann,
doch wir verdrängen diese Tatsache, kleiden uns in Illusionen.
Wir merken nicht, wie uns die Lebenszeit aus
den Händen rann.
Was wohl die Engel über uns denken, die auf
ihren Wolken thronen?

Besinne dich, das Leben wird früher als später enden.
Überdenke deine Prioritäten im Leben.
Was ist dir wichtig, lass dich nicht von Geld oder
Macht blenden.
Ein zweites vermag dir keiner zu geben.

26. Im Endeffekt

Es geht nicht darum, wer du bist.
Es geht nicht darum, was du tust.
Ob dein Beruf nur ein Job oder eine Berufung ist.
Ob du 70 oder 80 Stunden schaffst oder nur ruhst.

Du kannst beliebt sein, wie ein bunter Hund.
Du kannst scheu sein, wie ein junges Reh.
Vielleicht bist du sportlich, vielleicht wie eine Kugel so rund.
Im besten Fall bist du gesund und dir tut nichts weh.

Spielt alles nicht wirklich eine große Rolle,
ist alles nicht wirklich wichtig,
und doch bekommen wir uns wegen Kleinigkeiten
in die Wolle.
Ich hab recht! Du hast recht! Beide, keiner?
Was ist nun richtig?

Im Endeffekt ist jedes Leben endlich.
Im Endeffekt ist jede Sekunde wertvoll.
Im Endeffekt ist unsere Zeit vergänglich.
Wir erkennen es zu spät und sind meist voller Groll.

Ich möchte lieber auf Holzwegen wandeln,
nach meinen Regeln spielen, nicht nur an mich selbst denken,
offen, freundlich, als Team handeln,
dir eine Freude bereiten, dir eine schöne
Erinnerung schenken.
Du hast die Zügel in der Hand,
du kannst dein Leben eigenständig leben,
aus der Masse ausscheren.
Und verläuft der Weg im Sand
kannst du auch problemlos umkehren.

27. Verflucht

Ein Gefühl, welches seinesgleichen sucht,
die Kälte kriecht Abend für Abend aus den Wänden,
die Kraft und der Kampfeswille gleiten mir aus den Händen,
das einzige, was bleibt, sind Zweifel, verflucht!

Gedanken hämmern, der Körper starr,
der Blick an die Zimmerdecke.
Die Dunkelheit breitet sich aus, schleicht aus jeder Ecke.
Versuchst, dich nicht zu ergeben, den Zweifeln nicht
hinzugeben, du Narr.

Verflucht, ich habe mir diese Situation nicht ausgesucht,
ich lebe mit ihr, jeden Tag ein bisschen besser.
Doch manche Zweifel, manche Worte, sind schärfer als
das Messer.
Hin und wieder sind meine Gedanken von
Dunkelheit heimgesucht.

Gedanken, die ich nicht ausdrücken kann,
es hilft kein Bild, es hilft kein Ton, es hilft kein Wort,
hin und wieder wünschte ich mich einfach fort,
ich zweifle, wie kommen diese Zeilen wohl bei dir an?

Der Gedanke, es gibt mal gute und mal schlechte Zeiten,
tröstet mich.
Ich schließe die Augen, morgen ist ein neuer Tag,
eine neue Chance, die Gutes zu bringen vermag.
Dennoch verbleiben die Gedanken und Zweifel innerlich.

Ein Gedankenspiel, ein Experiment, ein ewiges Hin und Her.
Dass ich nicht alleine mit diesen Gefühlen bin,
immer wieder das Schweigen brechen, nur das gibt
für mich Sinn.
Mehr Toleranz, mehr Gefühl, Empathie, ist das so schwer?

28. Zwischen Hoffen und Bangen

Es sind die kleinen Dinge,
über die ich mich täglich aufrege.
Sie treffen und verletzen mich, wie eine scharfe Klinge.
Verletzt und erdrückt von der Last frage ich mich,
warum ich mir das alles auferlege.

Eine Woge des Zorns überkam mich.
Es folgte folgender Ausruf: „Das ist also der Dank!"
Als sich eine Erkenntnis in meinen Geist schlich:
Die letzten Jahre machten mich krank.

Habe meine Zeit und Energie behandelt wie Opfergaben.
Habe sie dem Leben und den Menschen geschenkt.
Doch trug davon nur Narben.
Sowohl innen als auch außen, meine Seele ist nach
den ganzen Kämpfen blutgetränkt.

Nun sitze ich hier an meinem „freien" Tag.
Es klingt nach Ironie, denn an diesen Tagen bin ich viel
öfter gefangen,
von den kleinen Dingen, deren Last ich nicht mehr ertrag.
Es sind so viele Gedanken und Emotionen, die in
meinen Geist drangen.

Mir bleibt nur noch auszuhalten und zu hoffen.
Eine einzelne Träne rinnt mir über das Gesicht,
Denn meine Entscheidung habe ich schon lange getroffen,
während in meinem Inneren etwas vollständig zerbricht.

29. Zeit

Zeit ist relativ, sagte Einstein einst.
Keine Bange, ich werde sie dir nicht erklären, seine Theorie.
Möchte dir eine Geschichte erzählen und gerne wissen,
was du dazu meinst.
Sie handelt von besonderen Menschen, Angst,
Wut und Euphorie.

Meine Reise begann vor ungefähr zehn Wochen,
wusste nicht, was oder wer auf mich warten würde,
die Angst vor dieser Zeit steckte mir tief in den Knochen.
Sie flüstere zu mir: „Es sei zu viel, was ich mir da aufbürde."

Doch die Zeit verging, aus Tagen wurden Wochen.
Ich lernte vieles dazu und wunderbare Menschen kennen.
Die anfänglichen Ängste wurden gemeinsam
langsam gebrochen.
Das Vertrauen wurde langsam stärker und es schien
als könne uns nichts trennen.

Doch dann kam der Tag der Tage, ich nahm Abschied
von all den Menschen, von all den Erfahrungen,
von all der Zeit.
Doch kein Grund zum Trauern, denn ich bin
meines Glückes Schmied.
Und ich danke euch, für die schönen Stunden und
eure Herzlichkeit.

Die Zeit wird es zeigen, ob sich unsere Wege wieder vereinen,
ob wir noch einmal die Zeit gemeinsam erleben und
uns wiedersehen,
ob unser Licht und unser Strahlen wieder
gemeinsam scheinen,
bis dahin möchte ich, dass du weißt, ich werde versuchen,
dir beizustehen.

30. Der Klang des Herzens

Sachen gepackt, die Autos beladen,
im Fokus steht Musik, Freunde, eine gute Zeit haben.
Die Reise beginnt, das Ziel ist klar,
in der Menge spielt es keine Rolle, was gestern war.

Wir wollen feiern, entspannen,
der Alltag hält uns früh genug gefangen,
in der Menge wird man klein,
doch in der Menge ist man nie allein.

Wir sind eins mit der Melodie.
Dieses Gefühl, ich vergesse nie.
Es reinigt, es befreit, in mir wird es still.
Abschalten, zur Ruhe kommen, mir ist gelungen, was ich will.

In diesem Moment spüre ich den Klang,
den Klang des Herzens, der in mir zu spielen begann,
plötzlich sehe ich dich, erschienen in meinem Geist,
du weißt, was das heißt.

Seitdem denke ich an dich,
das ist gelogen, ich denke oft an dich, ehrlich.
Vom Lied in Erinnerung gerufen
möchte ich einen anderen Weg suchen.

Ich folge des Herzens Klang,
seinem lieblichen Gesang,
er wird mich zu dir führen,
dann kann ich vielleicht auch dein Herz berühren.

31. Ebenbild

Der Blick in den Spiegel verrät,
er verrät mir, was ich bin,
doch da ist noch mehr,
ein zweites Gesicht, das mich erspäht.
Ich sehe dich, unsere Ähnlichkeit, vom Kopf bis zum Kinn.
Den Spiegel nicht zu zerschlagen fällt mir schwer.

Ich balle die Faust,
ein Zucken geht durch meine Glieder.
Nur das Echo des Schmerzes hält mich ab,
eine Stimme fragt mich, „Wann du dich endlich traust?"
Und wieder höre ich die gleichen Lieder,
Lieder über einen Kampf, den ich schon längst verloren hab.

Ich schaue in den Spiegel und sehe mich
mit all den Ecken und Kanten.
Ich sehe, was ich bin, dein Ebenbild.
Nennt mich verrückt, wenn ich in den Spiegel sehe,
sehe ich immer auch dich.
Ich höre deine Stimme, deine Vorwürfe, die sich in
mein Gedächtnis einbrannten.
Doch so verhalten wie du, so sein wie du, bin ich nicht gewillt.

32. Schritt für Schritt

Mit jedem Schritt, den ich gehe
setze ich meine Reise fort.
Mit jeder Erfahrung gibt es mehr, das ich verstehe,
mit jedem Schritt gelange ich an einen andern Ort.

Mit jedem Fehler, den ich mache, werde ich klüger,
jede Täusch, die ich erlebe, macht mich aufmerksamer.
Mit offenen Augen enttarne ich Betrüger,
als stiller Beobachter bin ich wesentlich wachsamer.

Mit jedem Schritt in eine neue Richtung
tauchen neue Ängste und Zweifel auf,
doch die Entscheidung obliegt mir, wie stark
ist ihre Gewichtung?
Ich kann mich für gute Gefühle entscheiden,
genauso wie für die Richtung, in die ich lauf.

Schritt für Schritt gehe ich meine Wege,
es gibt kein Zurück, Stück für Stück.
Ein Versprechen, welches ich mir selbst gebe,
Schritt für Schritt gehe ich in Richtung Glück.

33. Flüchtige Begegnung

Ich denke zurück an die erste Begegnung,
eine Reihe Zufälle hat uns geeint.
„Es gibt keine Zufälle", ist meine gedankliche Entgegnung,
wir sollten uns mehrfach treffen, wie mir scheint.

Konnte dir nie für deinen Dienst danken,
hast mir neue Erfahrungen erst ermöglicht.
Dieser Dienst als Prüfung und gleichsam um Kraft zu tanken,
und doch fällt es jetzt nicht mehr ins Gewicht.

Diese Begegnung ward flüchtig,
ein kurzer Augenblick, konntest du mich wahrnehmen?
Doch ich wollte dir danken, war ganz und gar süchtig.
Habe mich jedoch nicht getraut, die Angst konnte
mir keiner nehmen.

Die Begegnung vorüber, du warst wieder fort,
ich vergaß mein Begehren,
doch du kamst erneut, erneut an diesen Ort,
diesmal war es ich, der dich bewahrte, dich vor Kummer
zu verzehren.

Aus der einstigen flüchtigen Begegnung wurde mehr,
heute frage ich mich, wo wir gerade stehen.
Diese Entwicklung macht glücklich und ich freue
mich darüber sehr.
Eine Frage bleibt, wie wird es in Zukunft weitergehen?

Bei dieser Frage scheiden sich Herz und Verstand,
Fantasie und Hoffnung malen Bilder, vielleicht wie
immer naiv.
„Wie üblich", denke ich mir und nehme es selbst in die Hand.
Ein Gedanke flüstert: „Das lief letzte Zeit immer schief."

Doch wenn ich dich lächeln sehe,
ist alles neu, Glückshormone in Bewegung.
Auch, wenn ich die Situation noch nicht ganz verstehe,
bin ich froh über diese flüchtige, zufällige Begegnung.

34. Es ist nicht(s)

Es ist nichts, antworte ich dir
auf die Frage, was sei los.
Es geht mir gut, ehrlich, alles okay, versichere ich dir.
Die Suche nach einer anderen Antwort scheint endlos.

Lange habe ich danach gesucht,
ob ich eine gefunden habe? Ich bin mir nicht sicher,
oft habe ich meine eigenen Gedanken verflucht,
doch eins merke ich immer deutlicher:

Es ist das Nichts, was schwer wiegt.
Es ist das Nichts, was die Kraft raubt.
Das Nichts, was alles andere kleinkriegt.
Doch was ist das Nichts überhaupt?

Es ist ein Gefühl, vielleicht eine Depression?
Es ist eine betäubende Angst, eine Ohnmacht,
ein plötzlicher Anstieg ungewollter Frustration,
es sind Alpträume, Panikattacken, Nacht für Nacht.

Es ist nichts, es ist alles gut, was soll ich anderes sagen.
Das Schwerste war nicht, es sich selbst einzugestehen.
Rede ich darüber, fühle ich mich, als würde ich
mich nur beklagen.
Das Schwerste ist, damit gesund umzugehen.

Das Nichts macht Angst, es verbreitet Unsicherheit.
Es sind zweifelnde Gedanken, ein Teufelskreis.
Der Körper erfüllt von tonnenschwerer Trägheit.
Tut mir den Gefallen und fragt nicht nach Details.

Ich komm klar, es ist nichts, sage ich dir.
„Wie willst du mich verstehen, wenn ich es selbst nicht kann."
Dies und „Mach dir bitte keine Sorgen" denke ich mir.
Ich hoffe, dieses Nichts verschwindet irgendwann.

35. Im Kreis

Wie die Uhr sich dreht,
unaufhörlich, unbelehrbar, eisern und diszipliniert,
so auch seit einiger Zeit kein Tag mehr ohne Gedanken
an dich vergeht.
Aus dieser Routine eine Frage meinen Geist traktiert.

Die Situation so grausam vertraut,
durchlebte sie doch schon so oft.
Man könnte meinen, ich müsste die Antwort bereits haben,
doch scheint sie mir geraubt.
Viel zu oft, viel zu viel gegeben, viel zu viel erhofft.

Dennoch bin ich wieder da, wieder da, wo ich schon
so oft war.
Die Vergangenheit wiederholt sich,
die Lösung für diese Schleife scheint so unerreichbar,
der Weg hinaus führt nur über dich und mich.

Das ist mir alles völlig klar,
der Verstand mir schon lange eine andere Richtung weist,
doch diese emotionale Barriere stellt wieder
ein Hindernis dar.
Gedanken im Kreis, mal schwarz und weiß, letztlich
die Seele zerreißt.

Irgendwann breche ich aus, raus aus dieser Rotation.
Überrenne die Hürden, nehme den Schmerz in Kauf.
Ich übe bereits dafür, der Sieg wird mein Lohn.
Werde ändern meinen zukünftigen Lebensverlauf.

36. Glaubenssätze

Glaube nicht an alle Sätze, die dir dein Kopf diktiert.
Sie sind nicht immer dein, mach dich von ihnen frei.
Es ist pures Gift, vor dem deine Seele kapituliert.
Sie sind anerzogen, übernommen, erkenne es und gedeih.

Bei manchen fällt es leicht, sie sind nicht tief verbunden.
Bei andern ist es schwer, sie kommen häufig wieder,
verursachen Chaos, stellen alles in Frage,
öffnen alte Wunden.
Weiß nicht, was ich tun kann, dieser ewige Kampf
ist mir zuwider.

Sie kamen von dir, habe sie von dir übernommen,
ich wusste nicht, was ich tat, hatte keine andere Wahl,
doch musste es wirklich so weit kommen?
der Zeitpunkt, als du sie in mir schufst, war eine Qual.

Ich erinnere mich, als wäre es erst gestern gewesen,
doch dabei ist es Jahre, vielleicht Jahrzehnte her.
Habe in dieser Zeit viel gelernt, bin weit gekommen,
doch nie genesen.
Dir die Stirn zu bieten, immer wieder, es fällt mir
in letzter Zeit sehr schwer.

Ich weiß genau, es sind deine Lügen, sie sind nicht echt.
Mir ist klar, woher ihr kommt, was ihr wollt,
mache mich erneut bereit für ein weiteres Gefecht,
ich kämpfe gegen euch, bis auch irgendwann euer Kopf rollt.

37. Es ist okay

Lausche meiner Geschichte, die ich dir gerne erzähle.
Ich erlebe sie grade, während ich es aufschreibe.
Es gibt Tage, an denen ich mich aus dem Bett quäle,
meine Wohnung ist weniger ein Zuhause, eher eine Bleibe.

Schleppe mich zum Einkaufen, raus an die frische Luft,
in die Sonne, in das Leben, doch alles scheint auf Autopilot.
Nach innen blicken wage ich nicht, denn dort ragt
nur eine Kluft,
aus ihr tritt nichts andres hervor als Zweifel, Angst und Not.

Ich habe dazugelernt, kann es mittlerweile erkennen,
es ist okay, dass es so ist, sage ich mir, es darf so sein.
Kann es zuordnen, es verstehen und letztlich auch benennen,
ich weiß mittlerweile auch, ich bin damit nicht allein.

Hochproduktiv, so wie vor einem Jahr noch,
nur nicht stillstehen,
so sieht es an anderen Tagen aus, angetrieben
wie unter Strom.
Abends im Bett, oder nachts, dann kann ich nach
meinem Inneren sehen.
Dort finde ich dann ein Durcheinander, ein Chaos,
einen Mahlstrom.

Und das ist mein Leben, zumindest aktuell,
ein ständiges Chaos,
ein ständiges Abwägen, ein ständiges Zweifeln, ein Wanken,
ein Gefängnis, ein Käfig, aus dem auszubrechen ich beschloss.
Es ist okay, möchte ich dir sagen, und gleichzeitig
will ich dir danken.

Danken dafür, dass du mich auf diesem Wege begleitest.
Vielleicht kann dich meine Geschichte inspirieren.
Egal, wie der Weg aussieht, den du beschreitest,
du kannst alles schaffen, du darfst nur den Mut
nicht verlieren.

38. Im Inneren zerrissen

Eine Handvoll Stunden liegen zwischen gestern und heute,
zwischen der Vergangenheit und Zukunft nur ein paar Jahre,
einzelne Worte liegen zwischen uns, die vielleicht
einer bereute.
In meinem Inneren liegt etwas, was ich dir nun offenbare.

Ich wandere stetig auf schmalem Pfad
zwischen Depressionen und purer Euphorie.
Es ist ein täglicher Balanceakt auf einem dünnen Draht.
Meist gelingt es mir, doch seit Kurzen zwingt sie mich
öfters in die Knie.

Mein Innerstes wurde zerrissen, geriet aus dem
Gleichgewicht.
Vor meinem inneren Auge erscheint ein Riss, versuche,
ihn zu kitten,
bevor er weiter wächst und mein Innerstes
vollständig zerbricht.
Ich weiß, meine Versuche, mich zu bewähren,
sind umstritten.

Durch diesen Riss so viel verschwand und übrig
blieb die Leere.
Diese auszufüllen ich seit jeher versuche, möchte
Ruhe finden.
Möchte hin zur Leichtigkeit und weg von dieser
ermüdenden Schwere.
Möchte es endlich hinter mir lassen und es überwinden.

Dies ist eine schwierige Thematik und guter Rat teuer.
Jeder Mensch ist ein eigenständiges Individuum,
mit gutgemeinten Ratschlägen gießt man oft Öl ins Feuer.
Dadurch geht auch jeder anders mit dieser Erkrankung um.

Ein offenes Ohr oder eine Schulter zum Anlehnen
schaden nie,
doch solltet ihr eure eigenen Grenzen kennen
und diese benennen,
und im Falle des Falles hilft, drüber zu sprechen
und eine Therapie.
Auf dass die Feuer in unseren Herzen bald wieder brennen.

39. Die Suche nach dem Ich

Tust du die Dinge, die du tust, aus Überzeugung?
Oder bist du der Überzeugung, es tun zu müssen?
Erfüllst du Erwartungen oder liegt darin deine Erfüllung?
Triffst du selbst die wichtigen Entscheidungen?
Oder lässt du über das Wichtige entscheiden?
Lässt du dich vom Leben täuschen?
Oder täuschst du das Leben?
In der Illusion, du wüsstest, wer du bist,
handelst du nach deinen eigenen Vorstellungen,
oder bestimmen Vorstellungen anderer deine Handlung?
Wenn du in den Spiegel siehst, siehst du dich, wie du bist?
Oder den, der du vorgibst zu sein?
Siehst du die Realität, dich, wie du bist, mit allem,
was zu dir gehört?
Oder siehst du nur die Oberfläche, deine
vermeintliche Schwäche?
Die Makel, die Ecken, die Kanten.
Siehst du dich selbst oder identifizierst du dich mit dem,
was dir fehlt,
was du gerne wärst, was du ändern müsstest?
Änderst du die Welt oder lässt du dich von ihr verändern?
Bist du in deinem Wesen frei, oder ein freies Wesen
in einem unsichtbaren Käfig?
Weißt du wirklich, was du brauchst, oder lässt
du dich verbrauchen?
Brauchst du all das wirklich? Oder besitzt du einfach,
weil du glaubst, es zu brauchen?
Lebst du dein Leben oder funktionierst du lediglich?
Beherrschst du deinen Alltag, oder lässt
du dich von ihm beherrschen?
Erfüllst du Bedingungen oder weißt du um die Dinge,
die deiner persönlichen Erfüllung bedingen?

40. Auch nur Menschen

Verschiedene Eindrücke, Positives als auch Negatives,
Erfahrungen sind subjektiv, jeder macht sie,
jeder interpretiert sie.
So sind wir Menschen, denke ich mir.
Auf der einen Seite autoritär, auf der anderen verletzlich.
Ein Macher, ein Denker, ein Mensch.
Vorgesetzte sind auch nur Menschen, denke ich mir.
Ein Akt der Gewalt, ein Akt, der nicht ohne Folgen bleibt,
Solidarität, Zusammenhalt, Motivation, Angst
und Schrecken.
Täter und Opfer sind auch nur Menschen, denke ich mir.
Gewinner und Verlierer, beide geben alles, einer gibt mehr.
Untrennbar wie Liebe und Leid, wie Glück und Pech.
Interpretationssache, denke ich mir.
Grübeln oder philosophieren, stillstehen, weitergehen.
Jeder von außen glaubt zu wissen, was mit dir los ist,
nur wenige wissen es wirklich, denke ich mir.
Subjektive Wahrnehmung, Filter, rosarote Brille.
Viele Worte, Worte, die ohne Bedacht gesprochen werden.
Wir leben alle in unserer eigenen Welt, denke ich mir.
Menschen treffen, sie berühren, sie ins Herz einschließen.
Begegnungen, flüchtig, familiär, andere.
Spuren hinterlassen, beeinflussen, führen, sich
umeinander kümmern.
Tritt hinein, bleibe eine Weile, verlasse sie, oder bleibe
für immer, denke ich mir.

Der Autor

Jonathan Stitz wurde 1992 in Leinefelde geboren. Er schloss das Fachabitur ab und begann eine Karriere im Verkauf, wo er schnell zum Marktleiter und staatlich anerkannten Betriebswirten aufstieg. Literatur zählt schon früh zu seinen Lieblingsthemen, einerseits als Leser, andererseits auch auf der Seite der Schreibenden; so nahm er etwa 2018 an einem Wettbewerb teil und veröffentlichte dabei eines seiner Gedichte. Neben dem Verfassen von ästhetischen Texten gehören auch Sport, Gaming und Unternehmungen mit Freunden zu seinen liebsten Beschäftigungen.

2022 wurde ihm eine Borderline-Persönlichkeitsstörung diagnostiziert, im Folgejahr kam er in stationäre Therapie. Im Zuge dessen wurde er auch ermutigt, sich mehr mit dem Schreiben von Gedichten zu befassen und diese zu veröffentlichen. Seine lyrischen Texte sollen Aufklärungsarbeit leisten, ermutigen und Einblick in die Gefühlswelt eines Betroffenen geben.

Der Verlag

*Wer aufhört
besser zu werden,
hat aufgehört
gut zu sein!*

Basierend auf diesem Motto ist es dem novum Verlag ein Anliegen, neue Manuskripte aufzuspüren, zu veröffentlichen und deren Autoren langfristig zu fördern. Mittlerweile gilt der 1997 gegründete und mehrfach prämierte Verlag als Spezialist für Neuautoren in Deutschland, Österreich und der Schweiz.

Für jedes neue Manuskript wird innerhalb weniger Wochen eine kostenfreie, unverbindliche Lektorats-Prüfung erstellt.

Weitere Informationen zum Verlag und seinen Büchern finden Sie im Internet unter:

www.novumverlag.com